PROJET

CONCERNANT

L'ABOLITION DE L'ESCLAVAGE,

CONSIDÉRÉE

AU POINT DE VUE DE L'AFRIQUE,

PAR M. GORRIN, Ex-Chirurgien de Marine.

1848. — 1er SEPTEMBRE.

NIORT

Imprimerie de Robin et Cie.

1850.

PROJET

CONCERNANT

L'ABOLITION DE L'ESCLAVAGE,

CONSIDÉRÉ AU POINT DE VUE DE L'AFRIQUE.

Au moment où notre jeune République s'engage généreusement et, il faut bien le dire, avec trop de précipitation dans la voïe périlleuse de l'émancipation exclusivement coloniale, je ne puis résister au désir d'exposer quelques mots d'un système d'affranchissement plus étendu, peu dispendieux, et, à coup sûr, mieux en rapport avec les besoins de cette immense question.

Je suis profondément convaincu que la désolante stérilité de l'Afrique centrale et l'état de dégradation physique et morale dans lequel se complaisent les habitans, tiennent moins aux conditions climatériques qu'à l'influence pernicieuse de l'exécrable institution de l'esclavage, devenue avec raison l'objet de la réprobation de toutes les nations éclairées.

Placé, fort jeune encore, en présence d'un ordre de choses aussi déplorable, aussi contraire à la fin pour laquelle l'homme a été créé, j'ai compris la grande et sainte mission réservée au monde civilisé, lorsque, revenu enfin du système restreint, dispendieux, et, je ne crains pas de le dire, impraticable, tant préconisé de nos jours, il comprendra que le point culminant, le véritable but à atteindre, ne consiste pas seulement à libérer les colonies, mais bien plutôt à se servir de leur intermédiaire pour dissiper peu à peu les ténèbres de la barbarie.

Sans aucun doute, il est urgent de délivrer nos établissemens d'outre-mer du joug honteux de l'esclavage : la religion, la dignité, les saintes lois de l'humanité le commandent implicitement ; mais elles commandent aussi avec une énergie non moins impérieuse de remonter à la source du mal et d'aviser aux moyens d'en effacer jusqu'au dernier vestige. Il ne faut pas perdre de vue qu'avant de régner aux colonies, ce fléau, redoutable à tout progrès social, sévissait sur toute la superficie de l'Afrique dont il est originaire, et que, par conséquent, il y subsistera après comme avant l'affranchissement actuellement en cours d'exécution.

Pourquoi, chaque fois que l'esclavage apparaît à la barre de la civilisation, ne tente-t-on pas, une fois pour toutes, d'envisager les choses sous leur véritable jour ? Pourquoi n'essaie-t-on pas de relier franchement la cause de l'Afrique à celle des colonies ? Pourquoi, enfin, semble-t-on éviter de frapper au cœur la création monstrueuse des Etats barbaresques ? — C'est que, dit-on, il est impossible d'établir des relations assez étendues, assez intimes avec les sauvages Africains. — Certainement, il est impossible de songer à aller chez eux former un assez grand nombre d'établissemens où les esclaves recevraient tour-à-tour le saint baptême de la liberté après un temps donné d'apprentissage, c'est-à-dire quand ils seraient capables d'en profiter. Le tempérament européen n'est pas fait pour ce dangereux climat ; la mort moissonne sans cesse ceux d'entre nous que le sort appelle à y résider, même dans les lieux les plus sains, même au voisinage de la mer.

Toutefois, ce contretemps ne constitue pas une difficulté invincible : si nous ne pouvons pas propager en personne la lumière chez les Noirs, il ne faut pas oublier que ceux-ci peuvent l'acquérir chez nous puisqu'ils y viennent. Pendant près de 200 ans, les différens gouvernemens qui se sont succédé ont favorisé l'importation des Nègres ; ils ont considéré la main-d'œuvre esclave comme la condition *sine quâ non* en matière de colonisation, et il faut bien reconnaître, à part l'odieux du trafic inhumain, que sans ce moyen jamais les précieux produits coloniaux n'auraient été accessibles aux dernières classes de notre société.

Le contact entre la race blanche et la race noire est donc réel et permanent ; il existe même dans de fort grandes proportions en y comprenant toutes les localités où on le rencontre, et quand les nations chez lesquelles le travail noir est indispensable voudront sérieusement réfléchir à cette circonstance dont elles ont abusé au détriment de l'humanité, elles pourront très bien, en réunissant leurs efforts, en obéissant à une seule et même impulsion, réagir efficacement dans le véritable sens de la Négrophilie.

Malheureusement, le côté le plus intéressant de

la question, le seul et véritable terrain où toutes les difficultés présentes et futures s'aplaniraient aisément n'a point encore été envisagé. L'on n'a pas remarqué que le progrès de la civilisation, appliqué à l'émancipation des Africains, allait se trouver enrayé dans sa marche; qu'il ne nous resterait plus de moyen d'action sur leur pays, à partir du moment où une ligne de démarcation infranchissable aura été tracée, entre l'esclave abandonné désormais à la funeste conséquence de sa situation, et nous qui ne pourrons jamais le secourir au fond de ses déserts inaccessibles. Soit nécessité politique, calcul de l'égoïsme, oubli ou défaut d'une connaissance exacte de la situation, le *nec plus ultrà* de l'expansion libérale n'a pas dépassé le sol de nos dépendances.

Lorsque la Convention a, de sa main puissante, ébranlé jusque dans ses fondemens le vieil édifice du despotisme, l'esclavage s'est trouvé aboli dans les colonies françaises; mais dans sa position incessamment critique, ce gouvernement de fer, obligé de recourir aux moyens extrêmes, avait pris pour devise : « *Périsse l'humanité plutôt qu'un principe!* » Ce fut un tort, car il est certains càs, et celui-ci en est un, où le principe doit s'incliner devant les exigences de notre imparfaite nature. Dans cette circonstance, la difficulté a été brisée mais non pas résolue; nos pères n'ont pas compris, et l'on ne comprend pas davantage aujourd'hui, que le régime de l'égalité est impraticable entre les Européens et les Africains établis sur un même point, ainsi que j'aurai bientôt l'occasion de le prouver. La pensée qui a présidé au premier décret d'affranchissement était assurément très louable quoiqu'insuffisante, mais l'exécution fut impitoyable, et les effets désastreux qui suivirent immédiatement empoisonnèrent bien vite le peu de bien que le genre humain avait le droit d'en attendre. Les colonies entrèrent rapidement en voie de décadence; les choses en vinrent à ce point que le despote de l'Empire fit de la popularité en rivant de nouveau les fers aux pieds des Nègres.

Les successeurs de Napoléon, ennemis nés de toutes entreprises franchement libérales, se contentèrent du *statu quo*, ou du moins se bornèrent à des simulacres de proscription de la traite.

La révolution de 1830 vint raviver les projets du siècle dernier. Plus on avance dans la civilisation, plus on éprouve le besoin de rendre à chacun les droits qu'il a reçus de la nature. Dès l'année 1831 les nombreux partisans de l'émancipation restreinte reprirent en main la cause sacrée des Noirs, et le gouvernement issu naguère des barricades parut vouloir accéder à leurs vœux. Mais soit que déjà il songeât à comprimer l'élan de l'opinion publique, soit crainte de l'avenir ou pressentimens de l'impuissance et des embarras de l'opération, toujours est-il qu'il chercha à temporiser. Sous prétexte de l'observation des convenances, il voulut, avant tout, prendre l'avis des parties matériellement intéressées à combattre la mesure à outrance.

Consultés maintes et maintes fois à ce sujet, les colons soulevèrent toutes sortes d'obstacles, puis enfin, après avoir perdu sciemment un laps de temps considérable en vaines tentatives auprès de ceux qui, en vérité, ne pouvaient pas volontairement condescendre à leur ruine, entraîné d'ailleurs par l'esprit du temps, et surtout par l'Angleterre qui, cette fois, nous avait précédés dans la carrière, le gouvernement prit le parti d'agir malgré l'opposition constante des planteurs.

En 1840 parut la commission chargée de préparer la nouvelle organisation coloniale. Composée d'hommes spéciaux, éminens, recrutés dans le sein des principaux corps de l'état, elle pouvait certainement traiter la question sous son véritable jour. Mais elle n'eut point pour mission de rechercher le meilleur mode d'abolition de l'esclavage; on ne lui enjoignit pas d'étendre ses vues jusqu'à l'Afrique, point essentiel; enfermée dans le cercle étroit et vicieux où le monde civilisé se débat en vain depuis tant d'années, où n'est pas et ne peut pas être la solution du problême, elle dût se borner, en présence de difficultés insurmontables, à un travail tout de transaction. Son volumineux rapport conclut à l'affranchissement après un temps donné d'apprentissage, et moyennant une indemnité aux colons représentant à peu près la valeur nominale de l'esclave.

Une pareille détermination, nécessitée par les circonstances, je le reconnais, était de nature à mécontenter tous les intéressés:

1° Les planteurs obérés dès longtemps par suite de la concurrence toujours croissante du sucre indigène, n'ayant pu d'ailleurs se livrer fructueusement à aucun genre d'industrie sous la menace perpétuelle de l'expropriation, n'étaient guère appelés à profiter du montant de l'indemnité; celle-ci eut servi en réalité à rembourser leurs nombreux créanciers.

2° Les nègres, en entendant sans cesse bourdonner autour d'eux le mot si doux de liberté, ne comprenant rien à un affranchissement grevé de huit ou dix ans de travaux forcés, auraient saisi tous les moyens d'évasion placés à leur portée afin de gagner les îles anglaises voisines où les attendait immédiatement ce qu'on ne leur offrait chez nous que dans un lointain avenir.

3° La métropole, de son côté, obligée de payer 250 millions non compris les nombreux millions en pure perte destinés à la répression de la traite, astreinte, en outre, à voir diminuer et entraver ses relations commerciales, n'aurait pas manqué de trouver le résultat pour le moins très peu satisfaisant.

Aussi bien le projet de 1840 n'était, après tout, qu'une servile copie du système anglais. On se promettait bien d'éviter ses fautes et de profiter de son expérience, mais en fin de compte, sauf quelques légères modifications dans les détails, on s'apprêtait à suivre exactement ses traces.

Cependant la Commission ne laisse point ignorer que le gouvernement anglais a fait les plus grands efforts pour se soustraire à un ordre de choses aussi contraire à ses intérêts. Elle dit à ce sujet, page 117 :
« On fait trop d'honneur au gouvernement anglais,
« et on lui ferait trop d'injure en attribuant de sa
« part l'abolition de l'esclavage, soit à de hautes vues
« de sagesse, de prévoyance, soit à des combinaisons
« machiavéliques. Le gouvernement anglais n'a, sous
« ce rapport, ni devancé les temps, ni dirigé les évé-
« nemens ; il s'est borné à maintenir le *statu quo* tant
« qu'il n'a pas eu la main forcée ; il a résisté quinze

« ans à l'abolition de la traite, vingt-cinq ans à l'abo-
« lition de l'esclavage ; il a défendu pied à pied toutes
« les positions intermédiaires, et n'a cédé, dans cha-
« que occasion, qu'à la nécessité.

« C'est au parti religieux qu'il faut, avant tout,
« rapporter l'honneur du succès ; c'est lui qui a sup-
« porté le poids du jour et de la chaleur. C'est la re-
« ligion qui a véritablement affranchi les noirs dans
« les colonies anglaises ; c'est elle qui a suscité les
« Wilberforce, les Clarkson et tant d'autres, en les
« armant d'un courage indomptable et d'une persé-
« vérance à toute épreuve ; c'est la religion qui a pro-
« gressivement formé, d'abord dans la nation, puis
« dans le parlement lui-même, ce grand parti aboli-
« tioniste qui va grossissant chaque jour, s'infiltrant
« en quelque sorte dans tous les partis, les obligeant
« tous, obligeant le gouvernement tout le premier à
« compter sans cesse avec lui, et c'est ce parti qui,
« mettant à profit depuis quarante ans tous les évé-
« nemens, toutes les circonstances, est enfin parvenu
« à son but. »

Une fois le fait accompli, les hommes d'état de
l'Angleterre s'en félicitaient hautement, et surtout
politiquement. Sir Robert Peel, après s'être tenu
constamment à l'écart, s'en félicitait avec eux en
plein parlement, séance du 7 mai 1841 ; il vint en
quelque sorte faire amende honorable, tenant à justice de reconnaître que c'était la plus heureuse ré-
forme dont pût se glorifier le monde civilisé.

Ainsi ce peuple qui doit une grande partie de sa
richesse aux malheurs de la guerre, et qui forçait
la Chine à s'empoisonner précisément lorsque se

consommait l'acte libéral qu'il ne put éviter, s'est arrogé, après coup, le sceptre de la philantropie, entraînant irrésistiblement à sa suite les nations qui n'avaient pas comme lui de vastes possessions où puiser les productions dont la source, il le savait bien, était destinée à se tarir aux Indes-Occidentales !

Notre gouvernement de la paix à tout prix, au lieu de protester et de démontrer aux Anglais combien leur détermination isolée compromettait l'avenir de toutes les colonies ; au lieu de leur faire observer qu'un peuple ami eût dû, avant tout, se concerter avec ceux qui avaient un intérêt identique, et se livrer en commun à la recherche d'un mode d'abolition moins désastreux et déjà condamné par l'expérience, n'a rien trouvé de mieux, en raison de l'entente cordiale, que de suivre aveuglement ses traces. L'année 1853 avait été choisie comme limite extrême de la délibération complète.

Le gouvernement déchu ne s'est point contenté d'imiter l'Angleterre seulement sous le rapport de de l'émancipation restreinte en elle-même, il a voulu encore partager avec elle le fardeau de la répression de la traite : cinquante-sept navires firent voile pour la côte occidentale d'Afrique, avec injonction de capturer les négriers. Vous savez, citoyens, l'impuissance de cette dispendieuse croisière : la presse et les croiseurs eux-mêmes n'ont pas cessé un seul jour d'en démontrer l'inutilité et les inconvéniens graves : « Pertes d'hommes, pertes de navires, pertes d'ar- « gent, » s'écriaient lord Clarendon, ministre ; M. Hume, chef des radicaux ; lord Landowne, sir Fowel-Buxton et tant d'autres, quatre mois après

l'application du traité concernant le droit de visite,
« et tout cela pour apprendre de source certaine que
« la traite se fait néanmoins, et que les esclaves en
« sont plus malheureux qu'auparavant. » L'un de nos
compatriotes écrivait il y a quelque temps, d'après des
calculs malheureusement trop exacts, que la liberté de
chaque noir revenait par ce procédé à 48,000 francs.

Est-ce qu'il est possible de s'opposer par la force à
la traite des noirs? Comment! on ne parvient qu'avec
la plus grande peine à entraver la contrebande sur
nos côtes hérissées de douaniers, et l'on veut empêcher les négriers mûs par l'appât de l'or et se rappe-
lant encore les encouragemens qu'ils ont reçus de
l'État, d'exercer leur infâme trafic aux abords d'un
pays lointain, égal en superficie au quart du globe?
En vérité c'est là une prétention extravagante. Pour
avoir quelque chance de succès il faudrait ceindre
l'Afrique entière d'une chaîne non interrompue de
bâtimens; toutes les marines de l'univers n'y pourraient pas suffire.

Quand j'ai vu nos braves marins destinés à devenir
victimes d'une pareille chimère, j'ai voulu, en 1845,
aller soumettre à l'amiral ministre, et même à de plus
hauts personnages, des observations résultant d'une
longue expérience des hommes et des choses de l'Afrique centrale; mais l'on n'a pas seulement daigné
m'entendre, citoyens, je l'avoue en toute humilité. Ce
que voyant, je suis revenu bien convaincu que le seul
effet de la station d'Afrique, si tant est qu'il dût en
produire, consisterait à refouler la barbarie sur elle-
même, à lui fermer la lumière qui tôt ou tard doit
lui venir d'Occident.

Les États-Unis d'Amérique moins disposés que Louis-Philippe et ses adhérens à subir l'ascendant de la négrophilie anglaise, ont résisté jusqu'ici à son désir le plus ardent qui ne tendrait à rien moins qu'à leur susciter les embarras qu'elle-même éprouve présentement aux Antilles.

De ce que les Américains refusent obstinément ce mode d'émancipation, doit-on conclure qu'ils élèvent des autels à l'esclavage? qu'ils se plaisent à entretenir dans leur sein le régime le plus décidément antipathique à la dignité humaine? Non. Nous ne pouvons pas faire cette injure à ceux chez qui la civilisation a grandi avec tant de rapidité sous l'empire du régime républicain. S'ils persistent dans le *statu quo*, c'est qu'il y va de leur avenir, c'est qu'il y a indispensable nécessité. Voilà le véritable motif de leur refus constant, voilà pourquoi, chaque fois que cette dangereuse question est mise à l'ordre du jour, il en résulte les discussions les plus orageuses.

L'Amérique du Nord favorisée par sa position géographique peut, jusqu'à un certain point, suppléer au travail esclave; voilà la véritable cause de sa propension vers l'émancipation.

L'Amérique du Sud au contraire, placée moins avantageusement, ne peut se décider à donner l'essor à ses élans de générosité: là, le travail obligé est d'une absolue nécessité ; les orateurs les plus puissans, les plus clairvoyans, l'ont surabondamment prouvé ; ils ont démontré les malheurs prêts à fondre sur le pays, du moment où il se laisserait séduire par les faux brillans de l'Angleterre. Un décret d'af franchissement serait devenu le signal d'une guerre civile dans toute l'Union.

Ainsi cette entreprise tant préconisée de ce côté de l'Atlantique, ce grand acte humanitaire puisé, dit-on, à la plus pure essence de la philantropie et qui ne devrait marcher, par conséquent, qu'au milieu d'un cortège de bienfaits de toute nature, conduirait le Nouveau Monde à des bouleversemens terribles.

N'en voilà-t-il pas assez pour donner à réfléchir au parti religieux, à tous ces philantropes qui, sous prétexte d'un peu de bien impossible à réaliser, exposent les états aux plus grands dangers, à des embarras inextricables.

Mais les partisans, quand même, du vicieux système de l'abolition restreinte ne se paieraient pas de pareilles raisons : ils soutiendraient que les prédictions des principaux hommes d'état de l'Amérique ne sont pas sérieuses, qu'une simple appréhension n'est pas un fait; en tous les cas ils auraient pour refuge la théorie de Robespierre et autres.

Eh bien! si de telles prévisions ne suffisent pas pour les convaincre, on peut opposer des objections plus puissantes. Il en est une entr'autres, puisée à l'origine de l'importation des Noirs, contre laquelle viendront se briser tous les sophismes.

Quand les premiers fondateurs des colonies ont importé l'esclavage aux Antilles, était-ce uniquement dans le but de ravaler l'homme au niveau de la brute? Non. Le motif réel tient à ce qu'ils ont reconnu dans l'organisation du Nègre l'aptitude au travail rural que ne possède pas ou que possède peu l'homme blanc dans les climats chauds. Donc les conditions matérielles ne sont pas égales pour les deux races, puisque l'une résiste là où l'autre fléchit. Cependant la dernière trouve une large compensation dans les ressources de l'intelligence. Là est sa force, là est la puissance qui l'élève au-dessus de tous les êtres : c'est elle qui lui a permis de traverser la mer et ses périls ; et c'est par elle encore qu'elle a pu s'approprier les produits du monde entier. Toutefois ne perdons pas de vue qu'un bien aussi précieux ne nous a pas été exclusivement dévolu. Le Créateur, dans sa suprême justice, a doté également les êtres de même espèce. L'instinct suffit aux animaux, en raison du rang qu'ils occupent dans la création : l'attribut particulier à l'homme réside en des facultés intellectuelles plus étendues ; il en apporte le germe en naissant quelle que soit la race à laquelle il appartienne, quelle que soit la partie du globe où la destinée l'ait appelé à vivre.

Le développement que le sens intellectuel a atteint chez certains peuples des régions tempérées ne constitue pas une marque distinctive de supériorité inhérente à l'individu, il prouve seulement le degré de hauteur où peut s'élever la puissance humaine.

Reconnaissans envers la Providence qui nous a appelés les premiers à jouir de l'état social, nous devons comprendre qu'il est de notre devoir de servir d'exemple à ceux qui en sont privés, de les aider, de leur faciliter les moyens d'en profiter à leur tour.

Sous l'empire de la législation nouvelle, l'ascendant moral que nous avons acquis sur les Noirs tendra chaque jour à disparaître ; il s'effacera d'autant plus vite que l'on mettra plus d'empressement à réaliser les rêves de la *moderne philantropie*. Mais pendant ce temps, comment ferons-nous pour remédier à notre infériorité matérielle provenant du séjour dans les climats exotiques? Sera-t-il en notre pouvoir de ployer le corps comme l'esprit à toutes les circonstances? Non. Nous ne le pourrons d'aucune manière, pas même, comme le prouve l'expérience, par le mélange du sang. Or, si les Noirs parviennent à l'état de civilisation en conservant sur nous l'avantage du travail manuel, comment ose-t-on songer à niveler les conditions sociales des deux races établies dans une même contrée? Évidemment, ainsi que je l'ai déjà dit, cela est impossible. Donc, ici, le système d'égalité objet de tant de vœux n'est qu'une chimère, un problême éternellement insoluble.

En revanche, on peut prédire à coup sûr ce qui adviendra :

Détenteur exclusif de la main d'œuvre, l'affranchi en usera naturellement dans son intérêt personnel et privé; quand il voudra la livrer à son ancien maître devenu son égal, ce sera à un prix exorbitant; les îles anglaises en ont fourni la preuve, immédiatement après l'émancipation. Le colon ne trouvant plus dans les produits de la culture de quoi couvrir les frais d'exploitation, aliénera peu à peu son domaine afin de subvenir à ses besoins de première nécessité; la propriété tout entière finira par passer à vil prix entre les mains de ceux qui, seuls désormais, se trouveront en position d'en retirer les productions. Si l'infortuné persiste néanmoins à demeurer sur le théâtre de sa ruine, il en sera réduit, pour subsister, à entrer au service de la maison de celui sur qui jadis il avait plein pouvoir. Ses enfans que deviendront-ils? Sa fille chérie, après avoir vécu de privations et de larmes, devra peut-être s'estimer heureuse d'échapper à la mendicité en devenant la compagne du descendant des Noirs de son père! La prostitution des races, exclusive jusqu'ici du Blanc à la Négresse, se propagera maintenant aux deux sexes indistinctement. Voilà, citoyens, l'avenir malheureusement trop certain réservé à nos colonies.

Quand l'Europe verra les funestes effets de l'émancipation restreinte, elle voudra bien, sans doute, rétrograder; hélas! il ne sera plus temps : on n'arrête plus la pensée lorsqu'elle a pris l'essor; et, quant à recourir à la force des armes, la triste histoire de Saint-Domingue et la fin déplorable des vingt-quatre mille héros que commandait le général Leclerc prouvent suffisamment qu'il n'y faudra plus songer.

Ah! sortons, il en est temps encore, sortons de cette voie fatale où tout est ruine, malheur, malédiction; où, comme à la suite de notre première révolution, les généreux sentimens qui ont inspiré le décret du 27 avril dernier se heurteraient à chaque pas contre des impossibilités invincibles.

Projet (Exécution du).

Le mode d'affranchissement sur lequel j'ai l'honneur d'appeler l'attention de mes concitoyens n'a point à redouter de tels dangers; il attaque l'esclavage au cœur et parvient à le détruire en tenant un compte sévère des légitimes intérêts de chacun; nul n'a le plus petit droit de s'en plaindre ; tous, au contraire, peuvent justement s'en glorifier.

Là, les colonies deviennent autant de phares avancés dans la nuit de la barbarie ; les Africains viennent tour à tour y puiser la lumière ; ils arrivent à la liberté graduellement, c'est-à-dire quand ils sont capables de la conserver et de la faire fructifier dans leur pays. Les nations à esclaves, assemblées sous le même étendard, marchent de concert à cette gigantesque et pacifique conquête de la civilisation ; étant toutes également intéressées au succès, chacune obéit volontiers à une impulsion unique, prête avec joie son loyal concours.

Voici, en deux mots, la base fondamentale d'opépération :

Racheter les Noirs à la côte d'Afrique, et les mettre en apprentissage, pendant dix à douze ans, dans les ateliers coloniaux.

A l'expiration de ce terme, leur délivrer un acte de liberté, ne devant avoir son plein effet qu'au sol natal où l'état pourrait aisément les réintégrer.

Enfin, pour éviter le plus dangereux des écueils, celui du retour à la barbarie, leur faciliter, dès l'abord, les premiers moyens d'établissement.

A ce point de vue qui, dans son immense étendue, embrasse à la fois tout ce qui souffre de l'esclavage, l'affranchissement est-il praticable ? est-il compatible avec la dignité, l'humanité, la bienfaisance, etc.? Oui, en admettant que les différens peuples à esclaves agiront dans le même sens, tendront au même but. C'est là le point le plus important, la condition *sine quâ non*.

Il n'est pas de nation, il est vrai, si puissante qu'elle soit, qui puisse se flatter de renverser isolément l'esclavage et d'exercer une influence suffisante sur le continent africain.

Mais là où une seule succomberait, toutes réunies peuvent et doivent réussir : les chances de succès croîtraient en proportion du nombre toujours plus grand des Nègres sur lequel on opèrerait.

Or, au point où en sont les choses aujourd'hui, je crois que la communauté d'action doit être d'un accès facile, puisque tout ce qui s'honore de l'état social repousse hautement l'esclavage.

Il appartient donc au règne de la fraternité, dès son aurore, d'invoquer le bon vouloir des peuples. Le moment est venu où la France peut dire avec franchise, et sans crainte de paraître suspecte aux États-Unis d'Amérique, par exemple : « L'émancipation des « Noirs est pour vous un perpétuel sujet de dissen- « sions : vous reconnaissez bien qu'il est souveraine- « ment injuste de disposer des Africains comme d'une « marchandise, de les priver de leurs droits naturels, « de les placer au-dessous de la loi commune. Comme « nous, vous pensez que l'esclavage est indigne de « l'humanité, qu'il doit être banni de l'univers entier.

« Mais votre situation enchaîne vos désirs : appelés « à vivre dans des climats où l'infériorité physique est « relativement de votre côté, vous ne pouvez pas « livrer votre supériorité intellectuelle au hasard de « tomber tôt ou tard sous la dépendance de ceux dont « vous n'auriez cru faire que des égaux. En suivant « les erremens de l'Angleterre, vous arriverez indu- « bitablement à un abîme.

« Nous venons, sœur bien aimée, vous tendre une
« main secourable, et vous offrir l'occasion d'accom-
« plir une œuvre grande et conforme à vos intérêts
« les plus chers.

« Prêtez-nous votre loyal concours? La plus grande
« somme de bien à produire vous sera dévolue, puis-
« que c'est chez vous qu'on rencontre le plus de
« Nègres. Nous marcherons de compagnie à la des-
« truction complète de l'esclavage, sans crainte de
« devenir plus tard victimes de notre générosité.

« Les plus saintes lois de la nature défendent
« d'user de son semblable en maître souverain, mais
« elles n'enlèvent point le droit de se servir de
« l'homme à titre d'ouvrier, d'apprenti, et le devoir
« commande de laisser le bénéfice de son métier à
« celui qui s'est rendu digne de le pratiquer. Le plus
« grand mobile de la civilisation, après tout, roule
« tout entier sur l'apprentissage; il est partout, en
« tout et pour tout. C'est pour n'avoir pas voulu s'y sou-
« mettre que l'Africain est resté dans l'état le plus pré-
« caire, et c'est en l'obligeant temporairement au travail
« qu'il recevra chez nous les premiers rayons de la
« lumière et les moyens de la répandre dans son pays.

« Rachetons les Noirs : ils paieront en main d'œu-
« vre le déboursé qu'ils auront occasionné; c'est
« là une compensation qui n'offre rien que de par-
« faitement juste et raisonnable. »

Certes, je le crois, un pareil langage trouverait de
l'écho chez les républicains d'Amérique : ils béni-
raient la nation qui, tout en leur fournissant le moyen
de sortir des embarras que soulève et accumule la
question de l'émancipation restreinte, leur permettrait

de contribuer au succès de la plus grande entreprise qu'il soit donné au génie de la civilisation de réaliser.

Tous les autres peuples à colonies sucrières, guidées à peu près par les mêmes motifs, suivraient l'exemple de l'Amérique.

Je n'ose pas supposer que l'Angleterre voulut se tenir à l'écart. A la vérité le fait est accompli dans ses colonies, mais on sait, et nous l'avons déjà vu, que son gouvernement a résisté tant qu'il a pu avant d'en arriver là. Les différentes contrées où elle employait le travail noir sont, depuis l'émancipation, en voie de décadence ; la voilà aujourd'hui réduite aux expédiens, non plus pour empêcher, mais seulement pour retarder quelque peu la ruine complète de ses planteurs. En offrant à nos voisins d'Outre-Manche la possibilité de réparer leur faute involontaire, on est en droit d'espérer que l'on sera entendu.

En résumé, l'affranchissement généralisé rentrant dans les intérêts moraux et matériels de chaque peuple en particulier, on doit penser que l'initiative du concours universel proposé par la France au nom de l'humanité, serait partout favorablement accueillie.

Raisonnant en conséquence non plus sur une fraction, mais bien sur la totalité des Noirs ordinairement employés au service de la civilisation, j'en porte, par approximation, le nombre à six millions (1), et je maintiens que cette énorme quantité arrivant, dans les conditions dont je parlerai tout à l'heure, à par-

---

(1) Privé des documens qui me permettraient de fixer au juste le montant de la population noire dans les différentes contrées soumises à la domination des Blancs, je ne donne que comme aperçu ce chiffre qu'il faudra corriger en cas d'erreur.

faite libération par période de douze ans indéfiniment, l'Europe et l'Amérique réunies parviendraient à épuiser la source de l'esclavage et à changer l'état présent de l'Afrique.

Suivons l'opération dans sa marche simple et facile, voyons si elle comporte les conditions de dignité, d'humanité, etc.

Des bâtimens de commerce, assujettis à des réglemens spéciaux, se rendraient chaque année, à époque fixe, à la côte d'Afrique; chaque puissance choisirait le lieu où elle voudrait effectuer les rachats. Les chefs noirs, prévenus à l'avance, prendraient l'habitude d'y conduire leurs esclaves ainsi que les divers produits de l'intérieur. Ces différens points deviendraient, avec le temps, de grandes escales, où les relations commerciales augmenteraient chaque jour dans des conditions plus morales, plus convenables, sous tous les rapports, que par le passé.

Des navires de l'état présideraient aux transactions principalement en ce qui toucherait l'échange du Nègre. Munis de pouvoirs suffisans, les représentans de l'autorité veilleraient incessamment aux égards dus aux malheureux parias de la barbarie. Il dépendrait des gouvernemens de mettre les commandans d'escales dans le cas de réprimer énergiquement toutes les infractions aux lois de la justice, de l'humanité, des bonnes mœurs, etc.

Sous de telles garanties, la traite prendrait les caractères d'une action véritablement bienfaisante; et en effet, l'esclave qu'est-il dans son ingrat pays? un pauvre idiot destiné à n'avoir jamais de volonté. Toujours nu, mal nourri, infect, couvert d'insectes, ordinaires compagnons de l'extrême misère, il est l'instrument passif de la volonté du maître; celui-ci peut le tuer, le martyriser, l'employer à assouvir ses abominables fantaisies de sauvage sans craindre le châtiment des lois, car il n'y en a pas pour protéger l'infortuné contre les excès de ses tyrans.

Une fois rentré temporairement sous notre dépendance, le Noir jouirait d'une position plus en rapport avec la dignité humaine : il était nu, on lui donnerait des vêtemens; il manquait le plus souvent de nourriture, chez nous il aurait droit à des alimens sains et en suffisante quantité. A bord, un logement convenable lui serait réservé; la surveillance de l'État le mettrait à l'abri des mauvais traitemens dont les négriers se sont rendus trop souvent coupables.

La servitude, de perpétuelle qu'elle était pour lui et ses descendans, se trouverait réduite à 12 années, et encore ne pourrait-il plus être assimilé à l'esclave suivant l'acception du mot, car nul n'en disposerait suivant son bon plaisir. Il est vrai qu'il ne disposerait pas immédiatement de son temps : personne n'est dans le cas de donner la liberté sans compensation. Qu'en ferait-il au surplus? Au désert il mourrait de faim ne sachant pas faire produire à la terre de quoi subvenir à sa subsistance. Dépourvu de moyens de défense, il deviendrait la proie des bêtes féroces en errant au milieu des forêts. Enfin, s'il persistait à résider parmi ses concitoyens, ses anciens maîtres ne tarderaient point à le réduire à sa condition première, si de son propre mouvement il ne venait pas courber la tête sous le joug.

Il faut donc nécessairement un certain laps de

temps pour que la transition de l'état sauvage à celui
de civilisation puisse s'opérer ; il faut que les Noirs
apprennent à devenir libres et à conserver la liberté,
et voilà précisément ce qu'on leur enseignerait pendant 12 ans dans les colonies, au moyen d'un apprentissage rempli d'humanité.

Là, la sollicitude paternelle de l'autorité ne leur ferait jamais défaut : elle les suivrait aux champs comme
dans l'intérieur de l'atelier, sans craindre que les
planteurs, instruits à l'avance des lois de cette société
nouvelle, pussent s'en plaindre. Ces derniers étaient
fondés, en reprochant au gouvernement l'exiguité de
l'indemnité en retour de l'expropriation forcée qui,
très certainement, n'était pas de nature à compenser
le dommage. Lorsque la Commission de 1840, entrant
dans la situation critique des colons, dit : « *Quand on
tend la main pour entrer, il faut la tendre aussi pour
sortir,* » elle n'a pas compris apparemment l'insuffi-
sance de la valeur nominale du Nègre. Oui, pendant
près de 200 ans, le gouvernement a bien souvent
primé la traite, encouragé l'importation des esclaves,
et c'est bien là ce que l'on entend par *tendre la main
pour entrer;* mais je dis qu'il ne *la tend plus pour sortir* en se bornant au remboursement du prix des
Noirs, puisque, sans le travail obligé, la terre, pour
le colon du moins, demeure sans valeur. Il fallait
donc, pour être juste, rembourser aussi le montant
de la propriété.

Notre système d'apprentissage couperait court à
toutes les réclamations : il est clair que les colons,
pourvus de main-d'œuvre, n'auraient plus rien à de-
mander. Il est présumable, d'ailleurs, qu'en com-

prenant bien la grandeur de l'œuvre qu'ils concourraient si puissamment à réaliser, nos frères des colonies seconderaient volontiers les vues de l'État.

Ainsi, le Noir arriverait à parfaite libération dans
des conditions pleines d'humanité et de dignité.

La question financière ne peut être ici considérée
que secondairement. L'espoir de retirer l'Afrique de
l'abrutissemeut où elle est plongée depuis la création,
la certitude d'assurer le sort de l'Amérique et de toutes les colonies, rendraient assurément légers les
sacrifices pécuniaires. Cependant, quand on peut atteindre au but en ménageant les deniers nationaux
qui, après tout, sont le fruit de la sueur des travail-
leurs, on ne peut que s'en féliciter.

D'après le projet de 1840, le montant de l'indemnité équivalait, pour la France, à 250 millions.
J'admets en plus 50 millions de dépenses accessoires
consistant en frais pour accroissement de la force
publique, de l'instruction, des cultes, et les frais
plus considérables destinés à la répression de la
traite; cela présentait un total de 300 millions à dé-
penser dans les premières années seulement.

L'émancipation graduelle que je propose deviendrait infiniment moins dispendieuse. La métropole,
débarrassée du souci, bien grave en ce moment
surtout, de trouver cette somme, bornerait son apport
aux soins de surveillance. Si cependant elle pensait
devoir quelque chose aux colons, en raison des
antécédens, ce ne pourrait être qu'une fraction minime de l'indemnité primitive. Ce qu'il y aurait de
mieux à faire dans ce cas, consisterait à fournir gratis
le premier douzième des apprentis, en remplacement

d'un nombre égal des anciens Noirs qu'on s'empresserait de réintégrer au sol natal. Tout ceci, au surplus, nécessiterait un arrangement amiable de conclusion facile.

Quant au détestable trafic, objet de l'antipathie générale, il tomberait faute d'alimens. Que servirait aux négriers d'enfreindre la loi de proscription ? Un registre *ad hoc* tiendrait compte des Nègres rachetés sous l'égide de la philantropie. Les victimes d'un commerce illicite, toujours admises à réclamation, démasqueraient elles-mêmes la fraude ; les délinquans encourraient les peines les plus sévères. Il est évident que ce genre de contrebande disparaîtrait pour toujours. Ainsi, la solution du problème de l'interdiction de la traite, vainement cherché depuis tant d'années, se présenterait ici tout naturellement.

En abandonnant le prix de rachat aux commerçans, il est probable que la force des choses les obligerait à restreindre, dans de justes limites, le bénéfice de ce genre de spéculation devenu désormais très avouable ; toutefois, dans cette circonstance encore, l'intervention de l'autorité offrirait l'avantage de préserver les spéculateurs contre les dangereux effets d'une concurrence outrée. Rien n'empêcherait de fixer la valeur d'échange, en raison de l'âge, du sexe, de la force des individus. Certains que nous serions d'avance que tant qu'il y aura un esclave sur le sol africain son indigne maître cherchera à le troquer contre nos plus minimes marchandises, rien ne nous serait plus facile, cela va sans dire, que d'établir la taxe primitive au plus bas prix.

Parvenu à la colonie au moyen d'une navigation

en convoi, ayant offert le plus de sécurité possible, le Noir représenterait une valeur élevée, en raison du séjour à bord, du fret, etc. J'estime, tous frais compensés, que la deuxième taxe dite d'accueillage, c'est-à-dire le prix débattu entre le commerçant de mer et le planteur, n'excéderait pas, en moyenne, 250 à 300 francs ; le premier trouvant à ce taux une rémunération honnête, et le second étant mis en demeure de se procurer des ouvriers à raison de 25 francs par an, ou le maximum trois cents francs divisé en 12 années.

Le dernier alléguerait, il est vrai, que l'homme des déserts lui reviendrait plutôt à perte qu'à profit dans le commencement du service. Mais il dépendrait de lui d'amoindrir la perte du temps, en soumettant son serviteur à un noviciat convenable, en le traitant avec bonté, en l'apprivoisant, si je puis m'exprimer ainsi. Le Nègre, naturellement doux et pacifique, ne resterait pas longtemps insensible aux prévenances du maître ; il compenserait promptement le temps perdu.

Nous venons de voir, d'un coup d'œil rapide, que ce mode d'affranchissement est compatible avec nos mœurs, qu'il peut être réalisé sans bouleverser les colonies, qu'en un mot il n'offre rien que d'extrêmement bienfaisant ; plus on l'examinerait dans ses détails, plus on serait dans le cas de s'en convaincre.

Voyons maintenant, toujours sommairement, l'effet qu'il produirait en Afrique : nous supposons nos libérés rendus au sol natal, ce qui est, toutes choses égales d'ailleurs, préférable au séjour permanent dans les colonies. Du moment où vous reconnaissez les avoir enlevés à la mère-patrie par des moyens que repoussent l'humanité, la raison même, ne serait-il pas juste de les lui rendre? « Ils sont libres, direz- « vous, et peuvent, par conséquent, y retourner. » Oh! ce n'est pas là l'affaire de l'émancipation restreinte. Ses partisans savent très bien que les Noirs ne quitteront point la somme de bien-être laissée à leur disposition pour revenir dans les contrées où ils auraient toutes sortes de difficultés à surmonter. Pas de Nègres, pas de colonies, voilà le fond de la pensée; voilà pourquoi la question du retour, si juste pourtant, n'a pas seulement été abordée.

Ici nous rendrions à l'Afrique ses enfans. Le temps passé hors de son sein aurait été consacré à l'éducation. D'esclaves misérables qu'ils étaient dans le principe, nous en aurions fait des hommes libres, accoutumés au travail, en connaissant le prix, ayant enfin acquis, à des degrés divers, suivant l'aptitude de chacun, les notions de la civilisation.

Suivraient-ils la ligne de conduite tracée par nos soins, ou bien retomberaient-ils dans les vieilles habitudes de la barbarie? Nul ne peut répondre péremptoirement à ces questions, puisque l'expérience n'en n'a pas encore été faite, du moins sur une aussi grande échelle et dans de telles conditions. Mais dans tous les cas, quelque pût être le résultat de l'avenir, il faudrait agir quand même, car, d'une part, il y va de nos plus chers intérêts, et, d'autre part, l'état présent de l'Afrique ne pouvant pas devenir plus fâcheux, on ne craindrait pas d'aggraver la situation.

Voici, du reste, à ce sujet, les prévisions auxquelles il est raisonnablement permis de s'arrêter :

L'influence énervante du climat serait, nous l'avons vu , l'écueil vraiment redoutable contre lequel les efforts réunis des peuples civilisés pourraient néanmoins échouer. Des précédens isolés en fournissent la preuve irrécusable : bien des fois l'on a cherché à instruire de jeunes Noirs, pensant qu'ils propageraient chez eux nos lumières , et l'espoir a toujours été trompé. Tant qu'ils demeuraient parmi nous, ils adoptaient bien notre genre de vie, ils goûtaient la supériorité de nos institutions ; mais à peine revenus au climat indigène, nos leçons s'effaçaient peu à peu de leur mémoire, et les instincts sauvages reprenaient le dessus. Les essais de colonies franches, tentés par les Américains sur les lieux mêmes , soit qu'ils aient été mal dirigés, ou pour toutes autres causes , n'ont point eu plus de succès. On ne peut donc pas se dissimuler qu'il n'y ait là un obstacle fort sérieux , mais je ne dirai pas insurmontable. Quand on réfléchit à la gigantesque partie de cette entreprise, quand on considère que l'Europe, l'Amérique, l'Algérie et l'Égypte, aussi probablement, concourraient ensemble à la délivrance de l'Afrique centrale, on ne peut se défendre d'un doux espoir.

L'opération serait combinée de telle manière, que six cent mille Noirs , dégagés de toutes entraves, façonnés aux mœurs et usages d'Europe, débarqueraient tous les ans sur divers points de la côte d'Afrique. La différence de langage et des habitudes puisées chez les peuples affranchisseurs, nécessiteraient autant d'associations distinctes ayant entr'elles les corrélations existantes sur notre continent, ou du moins dans les colonies. Une alliance offensive et défensive entre ces élémens de la nouvelle Europe deviendrait de la plus haute importance, tant pour combattre l'invasion des innombrabbles peuplades de l'intérieur, que pour s'entr'aider dans les difficultés toujours immenses pour les sociétés naissantes.

Les auteurs d'un ordre de choses aussi désirable viendraient, dans tous les cas, à leur secours. Des hommes vraiment dévoués à la cause de l'humanité ne craindraient point d'exposer leurs jours en allant parmi eux les encourager à persister dans la voie de la civilisation : le missionnaire, en les identifiant au génie du christianisme; l'ingénieur, en multipliant les moyens de défense, en élevant des villes et des forteresses; l'agriculteur, en enseignant sa science, etc. Les affranchis de l'année suivante viendraient, d'ailleurs, stimuler le zèle de ceux qui se laisseraient aller, malgré tout, à l'apathie.

Ainsi, tout tendant à favoriser nos vues, on peut croire que l'Afrique commencerait enfin à sortir de son éternelle stagnation.

Jusqu'à quel point son sol est-il susceptible d'amélioration? Je n'en sais rien. Mais si minime qu'on veuille supposer le progrès, l'effet en serait incalculable.

Deux mots seulement sous le rapport agricole :

Les Noirs, en apprenant dans nos colonies ce que rend la terre, quand l'homme prend la peine de la cultiver convenablement, ne tarderaient pas à comprendre qu'ils obtiendraient chez eux des produits analogues dans une infinité de localités. Les lacs, les bords des fleuves et rivières sujets, comme le Nil, aux débordemens annuels; les bas-fonds, où s'accumulent les eaux diluviennes, offrent d'épaisses couches de terreau, composées en majeure partie du détritus des plantes aquatiques. Ces terrains et bien d'autres encore restent, la plupart du temps, à l'état de marais fangeux d'où s'exhalent les miasmes pestilentiels qui désolent la contrée, et qui, peut-être, ne sont pas sans influence dans la propagation des épidémies universelles. Là, pullulent, par myriades, des insectes malfaisans, des reptiles vénimeux, de monstrueux quadrupèdes, pendant que l'homme, à qui Dieu avait donné ces terres comme une source intarissable de prospérités, languit dans l'oisiveté, prenant à peine le soin d'y jeter quelques graines, dont la production, le plus souvent, ne suffit pas à le nourrir.

L'Europe aussi, jadis, était couverte de marécages où fourmillaient les animaux les plus dangereux. L'homme blanc, doué d'une complexion éminemment délicate, a dû, dans le principe, être soumis à de bien rudes épreuves pour garantir son existence contre laquelle la nature entière semblait conspirer. Mais il s'est appliqué de bonne heure à développer le germe intellectuel, symbole de sa supériorité : il a défriché le sol, chassé ou détruit les animaux nuisibles dont on retrouve journellement les fossiles, et la terre asservie obéit à ses lois.

Les Nègres élevés, grâce à nous, à la hauteur de l'intelligence humaine, rendraient à la culture tout le sol arable; ils aménageraient les eaux de façon à en user à volonté, et bientôt la terre, vierge encore de tout travail de mains d'hommes, produirait de riches moissons.

Le désert lui-même, quoique composé de sable

mouvant, quoiqu'effrayant de nudité les trois quarts
de l'année, rapporterait au laboureur le fruit de son
travail : quand arrive la courte saison de l'hivernage,
l'eau et la chaleur, ces deux grands principes de la
végétation, combinent simultanément leur action vi-
vifiante, et bientôt cesse la stérilité; le désert disparaît
sous une luxuriante verdure. Les semis qu'on lui con-
fierait en ce moment avec intelligence rendraient,
trois mois après, d'abondantes récoltes.

En savourant les délicieux fruits du tropique qui,
pour la plupart, s'accommoderaient très bien du climat
africain, en éprouvant le bien-être que procure l'industrie, les Nègres persisteraient, sans aucun doute,
dans un régime de vie plus convenable, plus digne de
l'espèce humaine.

Je borne là cette faible ébauche du plus beau travail qui serait au monde, si une main plus habile était
appelée à lui donner tous les développemens qu'il
comporte. Puissé-je seulement avoir soulevé un coin
du voile! puissé-je être assez heureux pour que bientôt des hommes spéciaux, se servant du bloc informe
que je leur offre, en fassent jaillir la lumière et con-
courent ainsi à donner à notre jeune République une
éclatante et immortelle splendeur!

www.ingramcontent.com/pod-product-compliance
Lightning Source LLC
Chambersburg PA
CBHW071423030726
47594CB00006B/2545